연화 정지윤 첫 시집

우리는 존재를 그리워한다

연화 정지윤 첫 시집

우리는 존재를 그리워한다

도서출판 명성서림

시인의 말

언제부터 시를 썼는지 기억이 잘 안 납니다.
 누군가를 위해서였는지 무엇 때문이었는지 시를 쓰게 된 시점이 잘 기억이 나질 않네요. 하지만 그게 중요할까요? 바람은 언제부턴가 흘렀지만 그게 언제였는지 모르듯 지금도 이렇게 당연하게 흐르듯 저의 시도 바람처럼 흘러가고 있다는 생각이 들어요. 누군가에게 불어오는 바람처럼 저도 그렇게 누군가의 바람이 되고 싶었습니다.
 언제부터였는지 무엇 때문이었는지 모르게 어느 순간 느끼게 된 바람 말이에요. 슬플 때나 즐거울 때나 당연하게 불어오는 누군가의 바람처럼 기억에 남기보단 곁에 있어주길 바라는 마음이 더 크답니다. 불어오는 바람을 느끼며 아! 하고 그때 제 시가 떠올랐으면 해요.

'바람'은 '소망'과 같은 의미를 지니기도 하지요. 누군가의 소망이 제 시를 타고 바람처럼 흘렀으면 합니다. 그렇게 저의 바람이 누군가의 소망이 되어 빛나는 꿈으로 발전하는 모습을 그리면서, 저의 첫 시집이 여러분들에게 사랑으로 와 닿아 멋진 하루하루를 만들어 나가길 바랍니다.
 첫 시집을 내기까지 저를 도와주시고 저에게 희망을 만

들어주셨고 또한 저의 바람이 되어주신 많은 분들께 벅찬 마음을 안고 짧은 감사의 인사를 전합니다. 제 책을 읽어 주시는 많은 독자 분들께도 감사한 마음을 담아서 전합니다.

  끝으로 지금의 제가 있기까지 많은 관심과 성원을 보내주신 인스타그램 팔로워 분들 그리고 문학적 혜안을 주시고 격려해주신 청파 이복수 교수님께 진심으로 감사드립니다.
  앞으로 겸손과 사랑으로 시를 쓰는 시인, 그리고 하찮은 '먼지' 하나에도 '바람' 한 점에도 시선이 가 닿는 시인이 되도록 노력하겠습니다.

  감사합니다.

2021년 3월
초량에서 정 지 윤

차례

시인의 말 · 4

제1부 ᛁ 따뜻한 사람이 되고 싶어

봄노래 · 12
눈빛 · 13
봄 · 14
따뜻한 사람이 되고 싶어 · 15
노래 · 16
스케치북 · 18
행복하다는 것 · 20
아버지의 흰 머리카락 · 22
씻어내면 될 것을 · 24
아버지의 마음 · 25
낯선 그대 · 26
첫인상 · 27
낙지 · 28
나는 · 29
그리움 · 30
아름다움 · 31
너를 알고서 · 32
꽃과 바람 · 33
바다 · 34
그리움이란 · 35
전통 재래지상 · 36
길 고양이 · 38

제2부 ǀ 바람의 곁에서

슬픈 이야기 • 42
그림자는 있다 • 43
그림자를 밟지 마오 • 44
어른 • 45
남겨진 노래 • 46
안부 • 48
바람의 곁에서 • 50
지나간 것에 대하여 • 51
나의 친구는 • 52
창문 • 53
흉터 • 54
달빛 • 55
불꽃으로 • 56
취한 듯이 • 57
전어 이야기 • 58
그대가 나에게 상처를 주어도 • 59
작은 비닐봉투 하나 • 60
잊혀지는 추억 • 61
벚꽃 • 62
익숙한 그리움 • 63
어떤 날 • 64
잊어야 하는 마음 • 66
안아야 하겠지 • 67
나, 괜찮다 • 68
그 꽃 • 69

차례

제3부 ㅣ 나의 시가 그대에게 닿는다면

나의 색깔로 · 72
나의 시간 속에서 · 74
결코 새장 속이 아님을 · 75
나의 꽃 한 송이 · 76
분홍빛 곶감 · 78
어림짐작 · 79
그림자 · 80
그 순간을 · 82
보고싶은 목소리 · 83
광안대교에게 · 84
떠나지 않으리 · 85
눈부신 날 · 86
글 솜씨 · 88
행복 · 90
감기 · 91
꿈 · 92
안개꽃 · 94
이 노래가 · 95
또 다른 시작 · 96
난 먼지가 아니야 · 97
나의 시가 그대에게 닿는다면 · 98

제4부 ǀ 우리는 존재를 그리워한다

무엇 하나도 · 100
당연한 것 · 101
너를 위해 · 102
금등화 · 104
기억 · 105
글 · 106
내 마음 · 107
그리운 이유 · 108
따뜻했던 이유 · 109
두근두근 · 110
보석함 · 111
자연 · 112
삶 · 113
이유 · 114
무의미 · 115
이름 석자 · 116
자신 · 117
반성 · 118
바람속의 나 · 119
나는 왜 고독한가 · 120
우리는 존재를 그리워한다 · 121
너와 나, 우리의 별 · 122
작아진 조약돌 · 123
오랜 시간 동안에 · 124
종이 돛단배 · 126

정지윤의 시를 말한다 · 128

제1부

따뜻한 사람이 되고 싶어

봄노래

꽃잎 속에서 그림자는 노래한다

바람이 지휘하고 꽃들이 연주하는
햇빛의 웅장한 고요 속에서,
그림자는
우리의 마음처럼 요동치며 노래한다

눈빛

언어로 표현되지 못할 만큼의 감정이
아닌
언어로는 도저히 표현이 안 되는 감정.
이런 내 감정 하나 표현하지 못할 때
나는 말을 하지도, 그리지도, 글을 쓰지도
않았다

그땐, 언어가 필요한 게 아니 였으니까.

봄

봄꽃이 피었다
따스한 바람 불어
봄꽃다발 한 아름 안아
너에게 가는 길
봄바람 곁에 날린다
꽃잎 한 잎, 한 잎 안고서
너에게 꼬옥 안겨 주어
너를 다시 바라보니
아, 봄인가 보다.

따뜻한 사람이 되고 싶어

나는 따뜻해지고 싶다네
식어버리고 얼어버린 사람의 곁에 다가가
내 태양같이 뜨거운 열정을 나눠주어
그 사람과 함께 나도 따뜻해지고 싶다네

눈사람이 햇빛에 비춰져 녹아
투명하고 반짝이는 물이 되듯이
사람에게 정을 비추어
그 사람이 영원한 눈사람이 되지 않도록
잠깐의 눈사람이였다 알려주고 싶다네
나는 그런 따뜻한 사람이 되고 싶다네

노래

사람을 노래한다.
5분도 채 되지 않는 그 노래가
나 한 명을 노래한다

한 소절 한 소절 띄우는
가사 속에서 나는
울기도 하고 웃기도 한다

슬픈 노래 마저도
채 5분이 되지 않는 그 노래에
노래되어 우리를 미소 짓게 한다

비오는 날, 그날
슬프게 했던 노래는
어느 날에 지나가던 나를
멈추게 하고 잠시 회상한다
이 노랠 처음 들었던 그때를

노래는 우리 인생을 회상하게 한다
몇 분 안 되는 그 노래가
내 온 인생의 온 마음을 헤집고는
회상의 끝에, 처음의 기억으로
날 미소 짓게 한다

그렇게 노래는
어느 한 사람의 인생이었을 것이며
어느 한 사람의 추억이었을 것이며
어느 한 사람의 미소일 것이다

우리는 단지 몇 분의 노래로
인생을 노래한다

스케치북

구름 모양은 한결같이 포근하네
햇빛에 쏠려 내 눈에
바라 올려다 본 하늘에
해가 아닌 구름이 한결같다

그늘에 들어가니 햇빛은 사라지고
햇빛에 들어서니 구름은 포근하다

아래에는 강아지풀이 자라고
위에로는 해가 너무나 따사로와
보이지도 않는 햇빛이,
구름에 가려진 것이
내 눈을 들지 못하게 한다

여름 계절 한가득
가을맞이 한창 인가보오

한 장 넘기려다
한 번 더 생각한다

포근한 구름에 가을은 스케치북
그려지는 중

따스한 구름에 여름은 스케치북
한 장 넘겨지는 중.

나의 여름은 이제 기나긴 시간을
마치며 내 그림의 한 폭이 된다

스케치북의 종이 수 대로
담아 그리기에는 내 삶이 너무나 많다는 걸.

한 장, 한 장을 소중하게 칠하며
나의 스케치북을 꼬옥 간직하다가
앞으로 넘겨본다.
다시 생각한다
한 번 더 다시 생각한다

그리고는,
스케치북을 잠시 덮고서
내가 방금 무엇을 그렸는가,
그렇게 한 번 더 생각한다

계절은 종이 한 장 차이로
그리 저물어 간다.

행복하다는 것

아픈만큼 자란다는 게
그만큼의 마음의 무게를 뜻하려나

마음이 무겁다는 게
지나온 세월이 나를 자라오게 하고
그만큼 자라온 것이
나를 아프게 한다는 것이려나.

아픈만큼 자란다는 게,
나는
자란다는 것이 아픈 것인가

그 시간의 무게를 아직
가늠할 수 없어서
그저 시간 속에서 자라고
묻혀가는 내가
나는 나대로 아픔이 있었기에
지금의 내가 있는 것이려나

자란다는 것이 이렇게 아플 줄 알았다면,
지금의 내가 있지 않으려나.
나는 잘하고 있고
나는 자라고 있다.

아픈 만큼 성숙해서
지금의 나는 정말 그만큼
행복할 뿐인 거야
정말 그렇지 않나
아프지 않은 행복은 없다는 것이

아버지의 흰 머리카락

아버지,
당신 아버지

자식 걱정에
차가운 세상에 하얗게 내린
아버지의 흰 머리카락

어느샌가 자라버린 아들처럼
어느 순간 자라버린 아버지의 흰 머리카락

키만 자라버린 어린 아들의
처음 염색하는 손길이
아버지 머리카락을 만지며 손이 떨린다
마음이 떨리고 가슴이 저려온다

미용실 한번 가지 않고
어린 아들이 자랄 때까지
기다리는 아버지의 마음
그토록 헤아리지 못하여서

아버지,
당신 아버지
곱게 염색된 모습보고 자식은
결국 눈물을 숨긴다
그 모습에
아버지께서 따뜻한 미소 짓는다

씻어내면 될 것을

아름다운 목화 한 다발
손에 안겨 묻은 흙덩이가
못내 더러워 얼굴을 찌푸린다
씻어내면 될 것을
잠시 묻은 흙이 그렇게 아쉬었나

어머니 마음이 그러했던가
어린 자식 한입이라도 더 먹이려
건넨 손에 든 김치 한 조각

아까 전 어머니께서는
김장하다 묻은 고춧가루 양념이
어머니 옷을 더럽히고
어머니는 그걸 씻어 내셨다

우리의 손맛은
정이 묻어나는 맛을 가진
어머니의 손맛이지

한순간 더러우면 어떠랴
씻어내면 될 것을

아버지의 마음

아버지의 마음을 보면
그릇에 담긴 물과도 같다

물은 투명한데
빛나는 그릇때문에
빛이 난다

아버지의 마음은
그릇에 담긴 물과도 같아
물에서 빛이 난다

아버지의 마음이
물이다
빛이다
물빛이다

낯선 그대

그대를 낯설게 바라봅니다
낯선 그대의 모습은
새로운 그대가 아닌,
다른 이의 눈에 담긴
그대의 모습입니다

내가 그대를 처음 봤던 그때처럼
그림 같던 영화의 엔딩처럼
그대의 마음을
낯설게 바라봅니다
하지만 그대의 눈은 여전히
상냥하네요

낯선 그대의 눈이
익숙하게 느껴질 즈음
그대가 어떤 사람이었는지
다시 한 번 더 알게 되네요

그대는 내게
항상 그리워지는 사람입니다

첫인상

깨닫곤 합니다
첫인상은 외모가 아닌
그 시간의 그 성품이라는 것을

그렇게 당신을 바라보게 된 것에
당신의 첫인상에
저는 첫눈에 반하고 말았습니다.

낙지

다리빨판은 수족관에 붙인 채
거만하게 움직이는 머리통

기다란 다리 엉킨 줄도 모르고
머리만 기웃기웃 밖을 살펴보다
이내 구석자리로 옮겨 버린다

전복과의 한판싸움
숨죽여 보고있는 관중들 뒤로하고
낙지 빨판보다 더 힘차게
수족관 유리벽에 붙어버리는 전복

오늘도 제 다리를 뜯어 먹는
안타까운 비운의 낙지 인생

나는

나는 아름답고
나는 멋있으며,
나는 강인하고
나는 소중하다

이로써 나는,
스스로를 단 한 번이라도
알게 되었다.

그리움

풀꽃은 꺾지 말길
꽃은 눈물을 머금을 때가
아름답더라는 나는

바라보다 흘리는 빗물에
또 한번 생각 하고서야
아, 나는 꽃이었구나 알게 되길.

아름다움

첫눈이 내리는 아름다움
새싹이 돋아나는 아름다움
바다 속 반짝이는 모래 알갱이의 아름다움
또 다른 봄의 시작과 가을단풍의 아름다움

사계절의 아름다움이
마치, 우리의 인연 같아서
나의 사계절은 아름다워

너를 알고서

사라지고 싶지 않아 나는
살아가고 싶어 정말 나는

평생토록 삶에 대해 생각해도
나한테는 여기 네가 있는다면

함께 삶을 지내고 싶어
지금 너와 지내는 날들
혼자 앓고 지내던 내가
너를 알고 생각을 했어

살아 간다면
살아서 지내다 보면
내가 잘한 거라고
생각 할 날이 올 거라고

널 알고서
나는 감사함을 느끼곤 해

꽃과 바람

나 홀로 외롭게 피었습니다
그대라는 바람이 부네요
그대의 바람 속에서
우리라는 단어를 알게 되었지요

항상 혼자였던 나는
그대와 지내는 동안
많은 것들이 스쳤습니다

그대는 알고 있나요
그대를 알고서 내가
우리를 배웠다는 걸
함께를 배웠다는 걸

그렇게 따뜻한
꽃과 바람이 그대와
내 곁을 스쳐갔다는 것을

바다

석양 아래
새벽 아래
별빛 아래

주황빛 하늘빛 달빛
반짝이는 바다색깔

구름들 속삭이며
바다를 색칠하며
무지개 빛 그려 놓으면

내 마음 바다 칠한
그 색깔로 물들다
저 멀리 하루를 지샌다

그리움이란

방금 막 피어난 꽃이
언젠가 또다시 피어나듯이
내게 불어왔던 바람이
언젠가 또다시 불어오듯이
그때를 그리워하는 오늘의 마음을
또 한번 그리워 할 날이 온다

너무 그리워도 말고
너무 서글퍼도 말고

그때를 추억하듯
진심을 다해 추억하면
또 언젠가는 알겠지
지금도 언젠가의 추억이 된다는 것을

전통 재래시장

반찬을 사러 시장에 왔다
입맛이 없어 내 발길이
전통 재래시장을 향했다

이곳을 오면 공기가 다르다
사람 사는 향기
음식하는 손길
구수한 대화 소리

어쩌면 내 마음이 향하는 게
그리고 내 입맛이 살아나는 게
시장 상인 아주머니 아저씨들의
따뜻한 마음이 와 닿기 때문일까

"이모, 너무 많아요~"
"아휴, 괜찮아 들고 가"
"괜찮은데..정말 고마워요"

우리네 전통시장에는 아직도
따뜻한 인심이 살아 숨 쉰다
내 답답했던 마음이 트인 건
이들의 따뜻한 '정'이 느껴지기 때문이겠지
그들과 공유한 건 상품이 아니라
따뜻한 마음이었던 것이지

길 고양이

길을 가던 길 야옹이 한 마리
꽃밭에 놀러 왔습니다

길을 잃은 새끼 멍멍이
그 고양이와
눈이 마주쳤습니다

새끼 강아지가 "멍멍!" 하니
뛰놀던 고양이 차분히
긴 꼬리랑 다리 모아서
눈을 새끼 강아지에게 마주칩니다

지긋이 –
깜박,

눈인사 하는 고양이 눈망울이
새끼 고양이를 보듯 애틋합니다

새끼 강아지가 꼬리를 흔들며
고양이에게 다가가니
고양이가 말없이 쓰담아 줍니다

새끼 강아지는 고양이 품에 쏙 들어가고
고양이는 새끼 강아지를 반겨줍니다

그렇게 둘은 꽃들 사이에서
첫인사를 나누고, 햇살 한줌
그 속에 내려 앉습니다

제2부

바람의 곁에서

슬픈 이야기

웬일로 오늘따라
듣고는 슬픈 노래

나와의 인생 얘기
너무나 비슷하여
그렇게 슬피우나

인생은 고달픈데
노래도 따라서
아픔이 그득하다

비 오듯 쏟아지는
내 마음 아픈 곳이
그렇게 힘들 수가

그대가 생각나서
아니면 오늘 내가
그대를 생각해서
그리도 슬피우나

인연의 한가운데
나는 더 슬피우네

그림자는 있다

그림자는
빛속에 서 있는 나로 인하여
밝히는 그 태양보다도
희미한 빛을 내리어

어둠이 그득한 밤을 옅게 비춘다

그림자는 빛을 잃지 않고서
어둠 마저도 황량한 그곳에서도 존재하며
어둠을 잊고서 빛을 밝힌 우리를,
그림자는 비춘다

그림자의 어둠은 밝은 빛에서조차
외려 더욱 존재한다
그렇게 우리들 모두가
그림자를 가지고 살아간다.

그림자를 밟지 마오

하고픈 말 많고 많은 그 말 중에
밝고 둥근 말 다 지워두고
나는 당신의 그림자를 밟아보오

그러니 그대 마음 알려주지 마오
검은 그 그림자 속에
그대 마음 옅게 비추고 있으니

그대를 그리려면 나는
그대의 그림자를 그리우나
그리워 그대 마음 비춘 그 그림자를
부디 저는 저에게 말하리다

그대여
그대의 그림자를 밟지 마오

어른

어른이 된다는 게
흘러가는 시간 붙잡지 못하고
한참을 걸어가는 그 시간 속에서
내 시간을 걷고 있다는 걸까

아프다 아프고 힘들다
한마디 허공에 떠나 보내고
나 혼자 우물쭈물 거린다
가야 하는지 머물러야 하는지
머뭇거리고 지친다

누구라도 붙잡고 묻고 싶다
너도 나와 같은가
너도 나처럼 아픈 적이 있는가

그들은 내 안에서 대답한다
나는 나를 지키며 살고 있다고
아픔은 살고 있다는 증거이고
어느 누구도 아픔을 느끼며
살아가고 있다 라고

남겨진 노래

사랑의 노래를 부르면,
이별의 노래를 부르면
그대 알 수 있을까

정적은 흐르고
그것이 사랑일지
이별일지
전율이 내 손에 닿을 때

되도 않는 아픔에
사랑은 소확행이랄까

열 길 노래만으로는
알길 없는 한 길 사람 속을

마음에 담아두어
여태껏
사랑도
이별도
선율로써
전해졌다더라

아름따라 저 멀리
내 마음마저
더 이상 알 길 없어

나는 마음 없는
한 마리 새가 되어
노래만 이름따라 저 멀리
부르게만 되더라

낮이 되면 잊혀질 법도 한데
그것마저 어려워
순간이 노래되어 내 마음
평생을 노래 부를 거라

평생을 불러도
평생에 부른다

아름따라서는 이름따라 고운 마음
저 멀리 내 인생에 평생을 남아
노래 부를 거라 하더라.

안부

세상에서
제일 용기 있다던 나는
결국 인생에서 제일
아프다.

아플 용기,
그건 있다며 나는
결국 인생에서 제일
슬프다.

다가갈 용기
그조차 없으면서도
아파할 용기,
슬퍼할 용기

그것만큼은 있다며
용기 없는 나는

세상에서
제일 용기 있다던 나는
결국 눈시울을 붉힌다—

가슴이 쓰라려 닳고 닳아서
이제 나는
아파할 용기마저 없다며
세상에서
제일 용기 있다던 나는

내 인생마저
감정 추스릴 용기도
그조차도 없었다.

바람의 곁에서

너의 얼굴을 바라보고 있으면
바람의 곁에서 가만히 내리고
있는 흰 눈이 생각난다

눈은 너의 소망처럼 백색의
순(純)으로 새하얗지만
너의 눈은 검은 밤하늘에 일렁이는
바다처럼 나의 얼굴에 비춰졌다

우리는 서로를 빛내는 눈동자 곁에서
머물다 사라진 새하얀 눈과도 같아서―
서로가 없을 땐 바람에 목소리를
의지하곤 했다

소망은 언제나 바람이었기에
나는 바람의 곁에서 가만히
내리고 있는 너 하나를 바라본다

너는, 바람의 곁에서 흩날린다.

지나간 것에 대하여

후회하지 않고
원망하지 않고
너무 그리워도 말아라

지나간 것은
지나간 대로 바라보면 그만인 것을
그 뒷모습 바라보는 것이
이렇게 서글픈가

지나간 것에 대하여
지나간 것이라 생각하면 그만인 것을

뒷모습 한 번
바라보면 그만인 것을

나의 친구는

기쁠 때 가장 생각나는 사람
슬플 때 가장 보고싶은 사람
하지만 이런 내 마음
표현하기가 조금은 부끄러운 사람

조심스럽게 나에게 조언하는 사람
조심스럽게 내가 조언을 부탁하는 사람
그 선을 지킬 수 있어서
그 우정도 지켜낼 수 있는 사람

연락이 뜸해도 항상 생각나는 사람
연락이 갑자기 와도 나에게
정말 반가운 사람
항상 내 편임을 알게 되는 사람

그 사람이 바로 나의 친구입니다

창문

창문을 보았다
어른이 되어 있는 내 모습에
아직 지워지지 않은 기억들

나는 나인 채로 멈춰있다
창문 너머 보이는 햇살도
나를 자라게 한 빗방울도
나를 나인 채로 멈추게 한다

껍데기만 자라버린
모진 내 마음만이
상처를 다독이며 앓고 있다

어떻게 해야 하는지
내 물음에
그 어떤 아이도,
그 어떤 어른도.
쉽게 말 한마디 내뱉지 못하고

나는 그렇게 혼자 서서
창문에 비친 나를
훔쳐 본다.

흉터

남에게 상처를 주면
낙인이 찍히고
결국 흉터가 남는 건
자기 자신이다.

자신에게 낙인 찍힌 죄인은
자신에게 흉터를 남긴 채
평생을 속죄하며 살아간다.

흉터는 그들 자신이
잊지 못하도록
스스로 남긴 낙인이다.

흉터의 낙인 종류는 사람마다
다양하다.
미안함은 그 중, 세 번째고
죄책감은 그 중, 두 번째고
떠오름은 그 중, 첫 번째다

달빛

기억하지 못하는 추억 속에
못내 아쉬움만 남아
눈앞에 지나가는 꽃잎 보며
나도 한때는 그랬었지 회상한다

그렇게 추억은 회상 속에 존재함에,
내 마음 속 꽃 하나 키우고는
기억하지 못할 그대 얼굴

깊은 마음 저 빛 잃은 그림자만이
흩날리는 풀내음 속에서
속상함 하나를 숨기지 못한다 하더라.

불꽃으로

그대 얼굴
밤바다 흘러가는
바람의 모양새 되어
꽃잎처럼 피어난다

그대를 보려면
하늘 보듯 올려다보아야
그대 마음 보일까
수줍던 내 마음 흐드러지던
불꽃 모양새로 피어난다

왜 저 하늘은 그대를 그리나
오늘도 그대 눈빛 한번
제대로 보지 못하여

올려다 본 밤하늘에 글썽이는
내 눈빛 하늘거리던 아른한 그대 모습
한번 피어오르다가
글쎄, 이내 져버린다

불꽃으로..

취한 듯이

술에 취한 듯, 글에 취한 듯
그렇게 취한다

술 한 잔 하듯
글을 한 자 썼고,
술에 마음을 맡기듯
글에 마음을 맡겼다

한 날은 친구가 묻더라
그림과 글 중 무엇이 더 좋으냐고.

나는 대답하지 못했다
더 좋은 건 그 감정이라고,
나는 이 말이 떠오르지 않았다

글과 그림의 감정선에서
느껴지는 선율을
느끼지 못했기 때문일 거라.

그렇게 술에 취한 듯
글에 취한 듯
이유없이 서글펐던 나는
도대체 무엇을 취하려 했던 것일까.

전어 이야기

여름밤을 비추는 전어야
너는 회가 되어 먹히고
구이가 되어 사람들의 입을
즐겁게 하는구나

하지만 전어야,
나는 물속의 네가 되고 싶어
물속을 그렇게 즐거이 헤엄치는
모습의 전어, 네가 되고 싶은거야

그대가 나에게 상처를 주어도

그대가 나에게 상처를 주어도
제 마음은 오히려 덤덤합니다

상처를 주면 줄수록
제 마음은 단단해집니다

모진 말끝에 둥근 마음 하나가
그대가 준 상처의 모양입니다

저를 상처준 둥근 마음 하나로
모진 말끝을 흐리는 그대의 눈이
오히려 제 마음을 슬프게 흘립니다

그대가 나에게 상처를 주어도
저는 그대에게 위로를 주고 싶습니다

그대, 괜찮으신가요?

작은 비닐봉투 하나

비어있는 작은 비닐봉투 하나가
눈에 띈다

비어있는 그 작은 비닐봉투에
무언가 채우고 싶은 내 마음이
무언가를 담고 싶은 비닐봉투에
쏠린다

부시럭 부시럭
비닐봉투 소리가
텅빈 내 마음 소리 같다

공허함 하나에
그 소리의 이름이 세 글자 담기고서
비닐봉투가 너무도 가볍게 들린다

작은 비닐봉투 하나가.

잊혀지는 추억

언젠가 한 번쯤
뒤돌아보겠지

시간이 흘러
이곳을
뒤돌아 보며
생각을 하겠지

지나온 시간은
지금처럼 흘러가고
되돌릴 수 없는
그 수많은 추억 속에서
살아 온 나를

그렇게 하루를 일년처럼
흘러 보내고 지내는
지금의 나를
생각한다

언젠가 또 한 번
그 끝에 뒤돌아 볼 나를 생각하면서
나 하나쯤은 그렇게 흘러가겠지
나는 그렇게
잊혀지는 추억이 되겠지

벚꽃

나의 모진 투기는
벚꽃을 보고도 봄을 느끼지 않았다

나는 벚꽃을 보고 있었던 걸까

어느 날
봄이 오는 벚꽃 핀 오후
나는 그날의 나를 위로할 수 있었을까

그때는 내가
나를 사랑할 수 있었을까

익숙한 그리움

그리움은
얼마 지나지 않아 익숙해진다

누군가를, 어딘가를 그리워하는 그것을
익숙해지는 것에
혼자 아프기도 하다가
문득 생각한다

이 생각이 그대에게 닿아서
그대도 나를 그리워하는데 익숙해지길
무뎌지길
그렇게 그리움에 익숙해지기를

어떤 날

희미한 기억 속에서
그저 햇빛 아래 서 있었다

걷다가 멈추고
멈춘 기억 속에서
나는 걷고 있다

기억이 없다
일기는 적지 않는다.
기억하고 싶지 않아서

기억은 그 자리에서 멈춰섰고
나는 걷고 있다
주변은 사람들로 북적이고
소리조차 들리지 않는다

기억은 없다
나는 다만 기억 속에서
나를 없앤다
이제는 기억도 나도 없다

어떤 날 어떤 곳에서
나는 그렇게 머물러 서 있다

결국 나는 사라지고
기억 속에서 나는
그저 햇빛 아래 서 있다

잊어야 하는 마음

아픈 과거를 가진 것이
아픈 나를 만들진 않았는지
생각해 보는 것이
어쩌면 나를 만드는 것인지.

아픈 나를 만들어
아픈 과거를 더 아프게 만들어
모든 과거가 모든 나를 만들진 않았는지

그저 아픈 과거는 흘려보내고
과거와 다시 마주한다면 그 아픔은
다시 아픈 날 잊혀가겠지
다시 아플 날 잊혀가겠지

잊혀진 나를 마주함으로써
더이상 나를 아프게 하지 말자는
다짐 속에서 아픔은 무뎌질 수 있을거라.

안아야 하겠지

심술궂은 말
심술궂은 행동
심술궂은 생각

너 하나를 바라보다
너의 하루를 바라보다
너의 인생을 바라본다

안아야겠지
안아야 하겠지

언젠가의 나도
그랬듯
언젠가의 너도
그러하겠지

그대의 심술이
더 이상 그대를 아프게
하지 않도록
그대를 안아야겠지

나, 괜찮다

고독해도 괜찮다
외로워도 괜찮다
너를 그리워도 괜찮다

내 존재는 왜 이렇게 힘든데
왜 나는 고독해도 괜찮은지
외로워도 괜찮은지
그리워해도 괜찮은지

왜 나는 괜찮지 않아도
괜찮아야 하는지
나는 유일한 내게 묻는다
괜찮은지 지금 나는 괜찮은지
유일한 대답은

나, 괜찮다.

그 꽃

많고 많은 그 어여쁜 꽃들 중에서
네가 생각나 나는 널 바라본다
지나치면 보지 못할 네 모습
네 마음 듣지 못해 나는 숨죽여 바라본다
하늘거리던 네 꽃잎
살랑이며 코끝을 스치는 네 향기
그렇게 널 바라보면서
널 바라보면서 –

너로 가득한 이 세상에서
네 마음 한번 들여다 볼 수 없었던
내 마음 그렇게 피우다가 진다
꽃처럼 태양처럼 피우다 지는
저 초승달처럼..

제3부

나의 시가 그대에게 닿는다면

나의 색깔로

구름따라 저 멀리
무지개를 바라본다
멀고 먼 무지개를
그저 멍하니 바라만 본다

내 안에 색깔 없는
그 무채색이 그리도 부끄러운가
갑자기 눈시울을 붉힌다

구름따라 내리는 빗소리 뒤에
더욱 선명해지는 저 무지개 빛깔처럼
그렇게 되고 싶었다
그렇게 빛나고 싶어
이제껏 나를 잊고 살았나

눈앞에 보이는 게 다라 믿어
나를 가려 버렸나
내 눈물은 나의 빗물이여
그렇게 나를 나만의
무지개로 만든다

내 눈물은 나의 마음이여
그렇게 나를 나만의 색깔로 만든다

나도 이제 누군가의 꿈이 되어
그들에게 색을 입혀주고 싶다
저 찬란한 무지개처럼

나의 시간 속에서

시간은 언제나에 존재한다
우리가 시간 속에서 존재하는 것은
시간을 바라보아 바라보고 바랬기 때문인지 모른다
그러한 시간을 위로하다
내가 시간에 위로받고 있는 것을
발견했을 때 내 시간은
내 모습을 걷고 있었다.
지나온 시간을 보내고 있노라면
지내온 시간을 보내어 있노라면
시간을 묻고 시간에게 물어 사는 나를
바라보고서 보내지 못하는 삶에
바라보지도 꺼내어 들지도 못하는
내 인생에서 그리워하는 무언가는
날 바라보지 않을까 그렇노라 생각한다

나 하나를 그렇게 생각하여
다른 이를 바라보며 지내는 시간은
끝없이 이어지는 넓은 시간 안에서
되짚고 되살아 그렇게 살아가곤 한다

나의 시간 속에서,
나는

결코 새장 속이 아님을

적고서 수정해 버리는 것
그리고 나서 지워버리는 것
듣고 싶은 노래를 제한하는 것
달빛에 모든 걸 비추지 않는 것

나에게 '절제' 라는 것은
자유롭지 않은 자유에서
적정선을 지키며
나를 지키고
악을 행하지 않도록
마음을 다스리는 것

바깥 세상의 삶을 위하여
새장 속을 포기하고, 선택한 것

그 절제

나의 꽃 한 송이

가슴에 담은 열정이 뜨겁다.
차가운 눈꽃을 가슴에 가까이

뜨거운 열정이 눈꽃을 녹여
되려 꽃으로 만들어 버린다

열정 속에서 꽃 한 송이가 자라고
그 꽃 한 송이가 내 마음을 녹인다

열정은 냉정으로,
냉정은 열정으로.

그 열정과 냉정 속에서의 삶에
우리는 따뜻한 꽃 한 송이를
마음 속에 품고 살아가야 함이

냉정과 열정도 우리를
가둘 수 없기를

내 마음에
눈꽃 한 송이 녹일
열정은, 지니고 살기를.

녹지 않는 눈꽃은 없다는 것을
알게 되기를

분홍빛 곶감

어느 가을날
소녀에게 편지 한 통이 도착했네
발그레한 소녀의 뺨 위로
분홍빛 미소가 띄었네
성장한 소년의 편지에는
소녀를 사랑한다는 핑크빛 레터

그 글의 끝에는
소년의 마음이 배달됐네
"너에게로, 곧 감."

어림짐작

하늘의 별을 따 주겠다는 것은
그대의 마음을 얻는 것이,
별을 가지는 것보다 어렵다는 것일까

그대의 마음을 얻는 일이
그 별을, 어쩌면 자신의 모든 것을
다 주어도 힘들다는 것일까

하늘의 별은 그대의 마음이 아닌
자신의 마음인가
하늘의 별 그리고,
자신의 마음을 그대에게 고백하는
것보다 힘든 것

하늘의 별을 따 주겠다는 것은
그대의 마음을 얻는 것이
별을 가지는 것보다 어렵다는 것일까

혹여,
그대는 아는가
하늘의 별을 따주려는 그대의 마음을

그림자

카페 안이다
겨울의 뜨거운 햇빛이 드는 창가에
펄럭이는 차광막.

그 뜨거움과 따뜻함 사이에
나는 자리 했고
시원한 차와 함께
테이블 위에는 책, 노트, 연필, 지우개.

그리고 그림자

노트에 글을 한 자, 한 자 쓸 때마다
나와 함께 써 내려가는
뜨거운 햇살의 열정
또 그림자.

한 번도 발견치 못한
그림자의 존재를
겨울을 뜨겁게 달구는
태양에 의해 그려간다

그 뜨거움과 따뜻함 사이에
나는 자리 했고
시원한 차와 함께
테이블 위에는 책, 노트, 연필, 지우개

그리고 또 그림자,

그 순간을

순간을 소중히
앞만 보며 달렸던
그 순간을 소중히

하루를 느낄 새도 없던
그 순간을 소중히

일기를 남겼던
그 순간을 소중히

숨을 쉬는 순간
그 순간을 소중히

그 순간을 소중히

보고 싶은 목소리

세월이 지나
네 목소리 들릴 때
문득문득
네 목소리 들릴 때

내게로 와서
추억이 되버린
네 어여쁜 목소리

소복히 쌓인 함박눈처럼
추억은 쌓이고
몽글몽글 너의 목소리는
그 옛날 눈발처럼 내린다

미소 섞인 목소리에서
추억 섞인 내 머릿속에서
보고 싶은 네 목소리 하나
떠올려 보는 하늘이 온통 새하얗다

광안대교에게

광안리를 넓게 비추는
밤바다 위 광안대교
밤하늘 아래 광안대교

광안대교 너를 보고 있으면
밤바다에 비친 별 같아서
반짝반짝 빛이 나면
우리의 마음도 반짝반짝 빛이 나

카페에 앉아 도란도란
이야기꽃의 중심에는
항상 광안대교 네가 있단다

밤하늘과 밤바다를 비추며
이어주는 인연의 다리, 광안대교

너에게 다가가려면
자동차를 통해 가야 하지만
나는 커피를 마시며
반짝이는 너에게
마음으로 다가가고 있지

떠나지 않으리

그대를 떠나지 않으리
숱한 바람이 불어
마지막 잎새에게
그렇게 모질게 굴 때에도
그대를 떠나지 않으리

나를 떠난 이가 있어도
내가 떠난 이는 없기를
앙상한 나뭇가지 흔들리며
손 흔들리고 인사할 때도
그대를 보내고 뒤돌아 설 때에도
나, 그대를 떠나지 않으리

눈부신 날

꽃보다 아름다운 건 그대였고
그대보다 아름다운 건
내 생의 처음으로 빛낸 불꽃

불꽃으로 타올랐던 열정은
내 마음 속에 얼어붙은
한 조각 별빛보다 빛났고

단 한번을 발견치 못한
황금빛 오색 찬연한 나의 젊음에
나는 불꽃보다 더 쿵쾅거리는
마음을 하늘에 펼치고

겨우 한 시간도 안되는 그 시간을
나는 수채화에 담을 수 없는
기억으로 밖에 남길 수 없었지만

영원한 건 없어도
그때 내 마음을 불태우고 가버린
한 폭의 밤하늘을 잊지 못하네

영원한 건 없지만
잊을 수 없는 기억에
내 마음 불태울 수 있게 한
이토록 강렬한 색감은 내 손이 아니리

그때, 나의 물감은 불꽃처럼 빛났고
새하얗고 까만 종이 한 폭이 다였으리라

나는 불꽃에 어루어진 내 마음을 어루어 만지고
처음 맞이한 그 색감을 내 두 눈으로 받아들였다

올해 들어 처음,
나는 시각에만 의존된
느낌에 맞춰 생각은 사라지고
나는 단 한 번으로 그대와의
기억에 불꽃이 피었다.

글 솜씨

그대의 글을 읽고 있노라면
그대의 글 솜씨 너무도 무겁다
분명 종이 한 장 넘길 뿐인데
그대의 어깨 너머 보아버린
그대 글 솜씨 너무도 아련타
분명 그대는 알 텐데

글이라는 거, 잃지 말아야 할 거,
그게 초심이라는 거.
그대의 눈물에 젖은 그 한 장의 무게가
글 적다 떨어진 내 눈물 한 방울이
모든 걸 말해 주고 있다는 게
어깨가 무겁다
당신의 어깨가 종이 한 장의 무게가
더해질 때마다 고개가 숙여지고
더이상 무거운 연필은, 쓸 수 없다

부담이라는 거, 그게 내게도
그렇게 무겁다.
당신의 자리가 나는 무섭다
두렵고 힘들고 어깨가 고개가

많은 이들 앞에서 숙여지는
그런 글, 나는 쓰지 않으련다

그대의 글을 읽고 있노라면
그대 글 솜씨 너무도 무겁다
분명 종이 한 장 넘길 뿐인데

행복

당신의 행복이 부러웠던 적 있었네
그대의 웃음 뒤에 가려진 눈물을
그 눈빛을 보았을 때 나는
당신의 행복이 결코 쉽지 않았다는 걸 알았네

지금은 생각하네
내가 그때 그대를 부러워하지 않았다면
나는 그대의 노력을 볼 수 없었을 테지

한없이 바라보았던 그대의 행복에
당신의 눈물을 머금은 웃음은
행복해서 웃는 것이 아니라
웃어서 행복한 것을

기억 속에 묻어 버리는 행복도
우리는 행복이라 부른다는 것을.

감기

추위를 잊은 감기는
우리의 마음 속에
많은 겨울을 남겼다

누군가의 마음에 안겨진
그 감기라는 것이
마음에 상처로 남을까 봐

짊어진 것이 감기가 아니라
여린 나였을까 봐
오늘을 기억하는 것이
감기가 아닌 여린 나였을까 싶어서

내 아픈 사랑들에게
마음이 아닌 추억으로만
남기고 싶은 나는
오늘을 추억 하나로 견디어 낸다.

꿈

하품 하나에 사르르 잊혀질
꿈이라도,
지나가다 얼음 되어 우연히 마주칠
꿈이 되어,
꿈일지 잊혀질지 맺어질지 모를
꿈이지만,

한번은 꿈꿔 봤던 내 안의
꿈에서는,
다시는 꾸지 못할 꿈이기에,
무시당한 만큼 무시 못 할
꿈을 위해

그 우연한 꿈 하나로써
내 진중한 별 만들고서
한 번은 생각하기를

우연은 필연이 되어
별은 밤을 수놓지만
꿈은 그 별들을 수놓기를

내 수놓은 별들이
누군가의 밤이 되어
단 한 번이라도
그대의 빛나는 꿈이 되기를

안개꽃

빨간 장미를 빛내주는
안개꽃 그대여

그대의 꽃말같이
사랑의 성공을 위해
한 사내의 마음을 빛내주는
안개꽃 그대여

그대의 이름처럼
안개 가득한 희미한 손짓으로
누군가의 행복을 염원하기에

이제는 그대 자신을
사랑하길 바라오
안개꽃 그대여

이 노래가

노래 부르는 내 손끝에서
들려오는 내 이야기

어쩌면 이 노랫말이
한 순간의 열정 일지도 몰라
그래서 그 순간을 기억하려 할지도 몰라

슬픈 순간도 그렇게 담아
내 노래는 노랫말을 꾹꾹 담아서
그 순간조차도 노래되길 바랬는지 모르지

영원한 게 없다 할지라도
나 영원히 노래 하고 싶어
나 영원히 시를 쓰고 싶어.

또 다른 시작

우리는 인생을 통해
시작을 배우네

시작의 시작은
'용기'이고
그 다음 시작은
'끈기'이라네

경험이라는 배움으로
시작의 의미를 되내이며
그 시작의 끝에 달성을 통해
우리는 또 다른 인생을 '시작' 하네

난 먼지가 아니야

겨울 속에서 환기하려
창문을 연다
창문 틈으로 먼지 한 톨 붙어있다
먼지를 떼어 내려다 생각한다
이 먼지는 누군가의 세월이겠지
청소를 한 날부터 기다렸겠지
자신을 발견해 주기를
발견이 되면 곧바로 치워지겠지만
어느 날의 발견과 관심을 기다렸겠지
하지만 나는 먼지가 아냐
나는 버려지기 위해 있는 존재가 아냐
먼지는 먼지일 뿐이라고 치부하지 마
난, 먼지가 아니야.
누군가의 그리운 세월이야
애틋한 추억이야

나의 시가 그대에게 닿는다면

그대에게 물어볼 것이 있습니다
작은 새 한 마리처럼 날진 못해도
그대에게 다가가 손짓 발짓
몸의 언어로 말로 다 설명 못해도
제 마음을 알고 계시는지요

그대를 위해 할 수 있는 게
연필로 글 몇자 쓰는 것 밖에 몰라
행여나 그대 마음에 누가 될까
한 글자 한 글자 또박또박 쓰는
제 마음을 알고 계시는지요

어쩔 땐 제 마음이 다쳐
그 화살이 제 마음을 뚫고
그대를 해칠까 걱정을 한 적도 있습니다
하지만 저는 누구보다도 인내할 수 있습니다
그대를 위해서 나를 위해서

그대에게 물어볼 것이 있습니다
나의 시가 그대에게 닿는다면
그대는 제 마음을 알게 될까요

제4부

우리는 존재를 그리워한다

무엇 하나도

마음은 생각하기 나름이다
이 말을 들어 보았는가
세상이 널 버렸다고 생각하지 마라
세상은 널 가진 적이 없다. 라고

우리의 마음은 항상 우리의 것이다
나를 버렸다고 느껴졌던 세상에도
이렇게 남겨진 문구 하나가
내 세상을 달리 보이게 만든다

그것을 아는가
세상은 언제나 내 안에 있다는 것을

당연한 것

낙엽을 보고서,
떨어진다고 하지 마라.
굴러간다고 하지 마라.

우리는 이 표현이 당연한 것이라 하지만
왜 너마저 당연한 것에 의미를 두느냐

낙엽은 가만히 있었다.
그런 낙엽을 떨어뜨리고 굴러가게 한 것은
바람이었다.

의미는 바람의 몫이니
너마저 낙엽에 의미를 두지 마라
결코 당연한 것에 너를 비치지 마라

너를 위해

소리 없는 비명
소리 없는 전쟁

빛 없는 하루
빛 없는 마음

아픔 없는 고독
아픔 없는 고통

그 수많은 감정들이
소리 없이 빛으로 다가와
아픔을 만들어 낸다

비명 섞인 전쟁 소리에
하루아침에 마음은 저 빛을 잃고
고독한 고통은 더 이상 아프지
않을 지경에 이른다

그렇다면
나는 묻는다

나는 살아 있나
살아 가고 있나

아픔을 견딘다는 것이
우리가 살고 있다는 사실
아니겠는가
'나는 살아 있다' 라.

금등화

여름에 피는 능소화는
겨울에 머문 마음으로

뜨거운 햇살 한아름의
꽃다발 가득 안겨주어

그대와 나의 마음안에
아직도 추운 계절마다
저마다 씨앗 품어주어

한송이 새싹 자라나듯
따뜻한 여름 맞이한다

기억

날개 잃은 나비는 갈 곳을 잊은 것이 아니다
잃은 것이다

뿌리 잃은 꽃은 만개를 잊은 것이 아니다
잃은 것이다

힘없이 갈라진 토양은 농민을 잊은 것이 아니다
잃은 것이다

속까지 까매진 개울가는 물장구 치던
아이들을 잊은 것이 아니다
잃은 것이다

우리는 기억해야 한다
잊음을 잊는다는 것은,
영원히 잃게 됨이라는 사실을

글

글에 민감할수록
글에 관심이 많을수록
우연에 민감하고
작은 단어에 쉽게 상처받는다

책만 읽던 나는
세상을 글로 배우다
어느새 글이 세상이 되었다

내 마음이
글 하나에 달라지는
이 마음이
어쩌면
경험과 사람과 사랑을
글 하나로 바꾸진 않았는지
생각이 들곤 한다

그렇게 세상을
이론으로만 살아오진 않았는지
생각하는 날이 많아진다

내 마음

하늘 맑은 그 아래
우는 빗소리 내 마음

햇살 밝아
햇님이, 별속에서도
달이 달아올라
내 가슴 벅차오른다

이별이 이 별의 만남속
숨겨진 마음일까

곁에 머문 그대
하늘빛 무지개의 숨겨진 마음이
우는 빗소리 내 마음 다음에서야
만남인가

순리조차 만남이어
순리조차 추억이어라

하늘 맑은 그 아래
우는 빗소리 내 마음이어라

내 마음 그렇게
그대 마음이어라

그리운 이유

하늘 아래에는 이유가 많아
널 그리는 데에도 이유가 많았지

그때의 햇살이었는지
그날의 흘러가는 강물이었는지

그 물음의 끝에
너였는지

하늘 아래 그 땅 위에
수많은 이유 뒤로하고
우리가 다시 서로를 그릴 때에는
하나의 이유였겠지

그리는 마음이었겠지

따뜻했던 이유

잊지 못한 게 아니라
잊지 않았던 것이다

순간을 잊지 못한 게 아니라
순간을 기억하려고 한 것이다

가끔이 아닌
평생의 추억이 쌓여 버린 것.

추억을 머릿속이 아닌
마음속에 담았기 때문에

늘 따뜻했던 기억만
간직하게 된 것이다.

두근두근

아침을 깨우는 참새소리
두근두근

걸어가다 들리는 노랫소리
두근두근

나를 울리는 심장소리
두근두근

시도 때도 없이 찾아와
내 온 정신과 마음이 들떠서는
너의 얼굴 하나에 쿵쾅거리며
두근두근

너에게는 들리지 않는 내 마음소리
두근두근

보석함

추억 하나 간직하고서
아른한 햇살 받으며 잠에서 깨면
그대 그리워하는 마음 안고
하루를 시작하는 데에 필요한 것은

고작 향수 가득한 노래 한 자락이면
나는 충분하였더라.

그것 하나면
나는 정말로 충분하였더라.

자연

광활한 대지 위에
공활한 가을하늘 바라보고서
나는 그대로 있다

황량한 우주 위로
내 메마르고 쓸쓸한 이름 석자
올려 보내고 나홀로 외로이
나는 그대로 있다

아득한 공백이 나를 비추고
서늘한 바람이 내 머리 위를 스칠 때
나는 비로소 서 있다.

한 발자국 내딛는 나 하나는
온 우주 속에서 먼지 한 톨이 된다

삶

비는 떨어지기 위해 떨어지는 것이려나
그렇지 않기에 우리는 살아있지 않은가.

비가 떨어지는 이유를 찾기 위해
우리는 살아가고 있는 것이려나

그 이유 속에서 우리는,
살아있기에 살아가는 것이려나.

이유

세상살이 행복한 건
돈의 가치를 알아가는 것이 아니라
마음의 가치를 알아가는 것이겠지

돈이 많아 배부른 소릴 하는 게 아니라
돈이 없어 배고픈 소릴 하는 게 아니겠지

세상살이 행복해지려면
돈의 가치를 알아가는 것보다
마음의 가치를 알아가는 것이겠지

돈은 행복의 수단이 될 수 있지만
행복은 돈으로도 살 수 없는 이유가
여기에 있지 않은가.

무의미

의미가 있다면 결국은
그 또한 무의미함이다

끝을 정해놓은 그것이
시작이 필요가 없듯이

무의미한 끝과 시작은
본론 마저도 희미해져

서론과 결론의 의미가
퇴색되어 버리곤 한다

이름 석자

나는 누구인가?
라는 질문에
답할 수 있는 정답이
나의 이름일까.

내 이름 석자가
내가 누구인가를 밝힐 수만 있다면
나는 누구인가라는 질문을
더 이상 하지 않겠다

그러나 나는,
정말 알 수가 없다
내가 누구인지를...

자신

자신이 있어서 선택하였다
'자신이 있었다' 라는 말은
더 이상 자신이 없다는 말일까

시대가 그에 글을 읽는다면
나는 자신이 없다

나는 지푸라기라도 잡는 심정으로
내 자신을 잡는다.
자신이 없다면
그에 글도 없다

나는 그 시대에 있지만
내 자신은 그 시대에 있을까.

내 자신 스스로는 선택하지 못할 걸
알아도 나는 내 자신이 있어
그 시대를 선택하였다.

반성

지켜내야 했다면
지켰어야 할 것을
그것이
내 자존심이었거나
내 사람이었거나
나 자신이었으면

더더욱
내 자존심을 위해
그 마음을
내 사람을 위해
그 질서를
나 자신을 위해
그 추억을
지켰어야 할 것을

남은 게 후회밖에 없어
어리석은 과거를 원망해도
남는 건 허망함 뿐
남는 건
반성 하나 뿐이구나

바람속의 나

없던 일처럼
바람은 내 곁을 흘러간다

바람과 함께 흐르다 보면
없어진 일이 하나씩 떠오른다

학교 운동장에서 떠들며 뛰어가는 나를
친구와 복도에서 수다 떨던 나를
부모님 생신에 소원 빌며 불었던 촛불을

바람은 물처럼 흘러간다
마치 없던 일처럼
그렇게 노력하며 살았는데
마치 없던 일처럼
바람은 구름처럼 흘러간다

나는 왜 고독한가

나는 왜 고독한가
내가 고독하면
읽는이의 마음도
고독해지는 것을 알면서도
나에겐 고독이 결코 쉽지 않다

시인은 고독한가
밝은 글 희망의 글
시인의 고독함이
그 글을 방해한다면
시인은 고독해야 하는가

결국은
참고, 견디고, 인내하는 게
시인의 고독함이라는 걸 아는 순간
그것은 고독한 시인의 숙명이 아님을
나의 숙명임을

우리는 존재를 그리워한다

하늘 위 구름다리를 벗 삼아
날아가는 저 작은 새들은
쉼터가 되었던 나무를 그리워하고

바다를 헤엄치며 서로를
의지해 노래하는 저 고래들은
배를 타고 자신을 반겨주는 사람들을 그리워한다

농사 짓는 농부의 주름진 세월은
유년시절 키웠던 꽃 한 송이를 그리워하고

사랑하는 여인과 이별한 사내는
못내 그리운 여인을 잊지 못하고
지난 사진을 꺼내어 보며
가슴 아파 울기도 한다

자연과 사람은 우리의 모습이다
우리는 존재하고
우리는 존재를 그리워한다.

너와 나, 우리의 별

새까맣게 칠해버린
칠흑같이 어두운 이 밤은
너와 내가 있는 이곳을
밝히는 유일한 이유야

너와 함께 하기에
나는 이곳이 이 우주 속에서
가장 빛나는 별이고
나를 항상 빛나게 만드는 존재가
너라는 별이야

우리라는 우주 속에서
우리라는 별이 반짝이면
언젠가 너와 떨어져 있더라도
서로 다시 만날 수 있을거야
그 반짝임 하나가
우리 만남의 이유가 될거야

작아진 조약돌

큰 파도에 휩쓸려 온
조약돌 하나

밀물과 썰물의 만남에서,
단단히 굳혀진 사람의 의심처럼
수많은 의심 알갱이들이
떨어져 나가 작아진
조약돌 하나

바다라는 큰 세상은
큰 조약돌을 깎고 깎아
땅과 세상의 의심들을
작게 더 작게 만들어
우리에게 작아진 조약돌을 남긴다

바다가 알려주는 좋은 세상은
아마 작아진 조약돌이 아닐까

오랜 시간 동안에

1분을 오랫동안 지냈습니다
5분을 오랫동안 지냈습니다
그렇게 1시간이 되고
그렇게 하루가 되었습니다

하루의 오랜 시간 동안에
인연에 대해서
수많은 생각과 고민을 했습니다

어쩌면 오래전에 알았을까요
그때에 하지 못한 인연을
다하고 싶었을까요
못다 한 시간 동안에
지금에 와서야 후회를 하나요

나는 그 후회 속에서
그대의 하루를 보았습니다
그대의 긴 하루는
서로에게 짧은 시간이였지요

못다 한 인연은
지금에 와서야 후회를 하네요
그대에게 아니면
그때에게

다시 후회하려면
수백 년 수천 년을 기다려야 하듯이
그대를 만나려면 또 얼마나 기다려야 할까요

종이 돛단배

알록달록 색종이로
고이 접은 돛단배
바닷물에 띄워 보내니
더 이상 나의 돛단배가 아니다

장자께서는 말씀하셨지
나의 빈 배를 만들라고
하지만 내가 목표로 하는 곳에 가려면
빈 배로는 갈 수 없다

때로는 다른 배를 만나
인사도 하고 시시비비도 가리고
그렇게 물 위를 흘러
내 목표에 닿아야 한다

빈 배는 색종이 돛단배만큼
색깔은 화려해도
더 이상 나의 배가 아니다

정지윤의 시를 말한다

삶의 진정한 가치와
의미를 일깨우는 시인

이 복 수 박사, 강원수필문학회장

　세상은 급속도로 변하고 있다. 하지만 소유의 크기에 비례하여 인생의 성공이 가늠되어지는 현실은 더욱 견고하게 뿌리를 내리고 있는 것 같다. 사랑도 '자기애'를 벗어나지 못하는 수준에서 '애완'의 시대를 살아가고 있다. 시대정신을 깨울 철학이 부재된 채 온통 신변잡기적 소리만이 난무한다.
　이러한 때 진실하게 삶을 대면하며 우리의 존재 의미를 더듬어 간다는 건 참으로 감사한 일이 아닐 수 없다. '내가 누구인가'를 아는 것은 세상과 삶을 바라보는 바탕이며 삶을 살아가는 근본적인 양식이 되기 때문이다.

　정지윤의 시에서 먼저 〈너를 위해〉가 눈에 띈다. 표피적이거나 피상적인, 거짓을 거부하고 무엇이 진실인지 사물의 본질에 다가가고자 하는 몸부림의 시이다. '나는 살아 있나/ 살아가고 있나'라고. '너를 위해'는 왜곡된 삶에서 느끼는 고통과 아픔은 진정한 삶으로 나아가기 위한 진통의 과정이다.

소리 없는 비명
소리 없는 전쟁

빛 없는 하루
빛 없는 마음

아픔 없는 고독
아픔 없는 고통

그 수많은 감정들이
소리 없이 빛으로 다가와
아픔을 만들어 낸다

비명 섞인 전쟁 소리에
하루아침에 마음은 저 빛을 잃고
고독한 고통은 더 이상 아프지
않을 지경에 이른다

그렇다면 나는 묻는다

나는 살아 있나
살아 가고 있나

— 〈너를 위해〉에서

비슷한 맥락에서 읽혀지는 시가 〈당연한 것〉이다. 그것이 고정관념이거나 선입견인지조차 모르고 너무나 당연히 해왔던 것에 대해 묻고 있다. 그것이 정말인가? 이것이 사는 것인가? 옳은 삶이란 어떤 것인가? 하고 말이다.

우리는 당연한 것을 보고 자신의 상황에 맞춰 의미를 부여할 때가 있다. 가령 떨어지는 낙엽을 보며 나이가 듦을 한탄하는 사람들을 볼 수 있다. 하지만 그렇게 생각하면 이 거대하고 위대한 자연의 아름다움을 느끼지 못하고 한없이 나약하고 무기력해진다. 낙엽이 떨어지면 그저 계절 탓으로 돌려야지 한없이 센티멘탈에 빠져들면 끝이 없다.

"결코 당연한 것에 너를 비치지 마라" 시인은 이렇게 명령하고 있다.

낙엽을 보고서,
떨어진다고 하지 마라.
굴러간다고 하지 마라.

우리는 이 표현이 당연한 것이라 하지만
왜 너마저 당연한 것에 의미를 두느냐

낙엽은 가만히 있었다.
그런 낙엽을 떨어뜨리고 굴러가게 한 것은
바람이었다.

의미는 바람의 몫이니

너마저 낙엽에 의미를 두지 마라
결코 당연한 것에 너를 비치지 마라

– 〈당연한 것〉 전문

한편, 〈결코 새장 속이 아님을〉에서는 삶의 철학과 함께 어우러진 역설의 미가 멋진 한판승을 얻고 있다. 얼핏 '절제'가 새장 속처럼, 규율된 한정된 삶처럼 보이지만 더 큰 세계를 향하여 가는 길이라고 말하고 있다.

둘째 연 3행의 '적정선'에는 두 가지 의미가 있다. 하나는 '적정한 경계'를 뜻하는 선'과, 또 하나는 적정선의 '선'을 5행의 '악'과 대조되는 의미로서 대비하고 있다는 점이다. 그리고 무언가에 재능 있는 사람들이 '절제'를 가끔 새장 같다고 생각할 수 있는데, 다시 생각해 보면 그 새장을 포기하고 보다 더 넓은 저 바깥세상을 위해 선택한 것이 절제임을 잊어선 안 된다.

자유를 찾아 궤도를 이탈한 전차는 과연 자유를 찾았을까. 궤도를 이탈한 기차가 과연 힘차게 달려가고 있을까. 시적 화자는 '절제'야 말로 더 힘차게 달려가기 위해 '나'를 포기하는 일이라 말한다.

적고서 수정해 버리는 것
그리고 나서 지워버리는 것
듣고 싶은 노래를 제한하는 것

달빛에 모든 걸 비추지 않는 것

나에게 '절제' 라는 것은
자유롭지 않은 자유에서
적정선을 지키며
나를 지키고
악을 행하지 않도록
마음을 다스리는 것

바깥 세상의 삶을 위하여
새장 속을 포기하고, 선택한 것

그 절제

- 〈결코 새장 속이 아님을〉 전문

〈그림자〉는 햇빛 비치는 카페 창가에 앉은 작가의 소묘이다. 우연히 앉은 햇볕 드는 창가에서 사색에 잠긴 작가의 모습에 음영 깃든 목탄木炭의 그림이 뜨겁다.

카페 안이다
겨울의 뜨거운 햇빛이 드는 창가에
펄럭이는 차광막.

그 뜨거움과 따뜻함 사이에

나는 자리 했고
시원한 차와 함께
테이블 위에는 책, 노트, 연필, 지우개.

그리고 그림자

노트에 글을 한 자, 한 자 쓸 때마다
나와 함께 써 내려가는
뜨거운 햇살의 열정
또 그림자.

– 〈그림자〉에서

사람들은 쉬이 잊는다. 잘못된 삶의 방식이 이끌었던 과거를 기억하지 않는다면 삶의 돌파구는 어떻게 생성되는가. 아픈 역사를 기억하지 않는다면 역사는 또다시 번복된다. 그러므로 잊는다는 것은 영원한 상실에 이르게 한다. 그런 맥락에서 쓴 시가 〈기억〉이다.

날개 잃은 나비는 갈 곳을 잊은 것이 아니다
잃은 것이다

뿌리 잃은 꽃은 만개를 잊은 것이 아니다
잃은 것이다

힘없이 갈라진 토양은 농민을 잊은 것이 아니다
잃은 것이다

속까지 까매진 개울가는 물장구 치던
아이들을 잊은 것이 아니다
잃은 것이다

우리는 기억해야 한다
잊음을 잊는다는 것은,
영원히 잃게 됨이라는 사실을

- 〈기억〉 전문

정지윤 시인은 이 세상을 따뜻한 시선으로 바라보고 싶어 한다. 시인의 이런 따뜻한 마음이 〈따뜻한 사람이 되고 싶어〉에 고스란히 녹아들고 있다. 시인은 말한다.
'이 세상은 춥고 차갑게 식었다고 생각하는 사람이 있다. 그런 사람이 있기에 나는 따뜻한 사람이 되어 그들에게 정을 나누어 주고 그 사람들이 이 세상을 따뜻하게 바라봤으면 좋겠다.'고.

나는 따뜻해지고 싶다네
식어버리고 얼어버린 사람의 곁에 다가가
내 태양같이 뜨거운 열정을 나눠주어
그 사람과 함께 나도 따뜻해지고 싶다네

눈사람이 햇빛에 비춰져 녹아
투명하고 반짝이는 물이 되듯이
사람에게 정을 비추어
그 사람이 영원한 눈사람이 되지 않도록
잠깐의 눈사람이었다 알려주고 싶다네
나는 그런 따뜻한 사람이 되고 싶다네

- 〈따뜻한 사람이 되고 싶어〉 전문

   〈바람의 곁에서〉는 시적 표현기법인 비유법을 동원한 멋진 작품이다. 옛날부터 내려오는 우리나라 사람들 특유의 까만 눈동자와 새하얀 눈송이를 비교하고, 또 한편으로는 '바람'과 절묘하게 결합시킨 상징적인 작품이다.
   바람도 불어오는 자연속의 바람과 인간의 소망을 뜻하는 '바람'이란 단어를 대조법으로 자연의 바람에 인간의 소망을 비교했다. 하늘에서 내려오는 눈을 보며 그리워하는 이의 눈동자를 떠올렸고 그를 그리워하는 화자의 소망인 '바람' 곁에서 그의 눈동자 같은 새하얀 눈이 흩날리는 눈부신 시인의 상상력이 돋보인다.

너의 눈은 검은 밤하늘에 일렁이는
바다처럼 나의 얼굴에 비춰졌다

우리는 서로를 빛내는 눈동자 곁에서

머물다 사라진 새하얀 눈과도 같아서
서로가 없을 땐 바람에 목소리를
의지하곤 했다

소망은 언제나 바람이었기에
나는 바람의 곁에서 가만히
내리고 있는 너 하나를 바라본다

너는, 바람의 곁에서 흩날린다

- 〈바람의 곁에서〉 일부분

  시인이 상처를 받는다면 그의 시에서는 어떤 글이 나올까. 인내하지 못한 시인의 글은 독자마저도 상처 받는 글이 되지 않을까.
  그런 의미에서 나쁜 상황도 긍정적으로 받아들이고 인내하는 시인의 글에서는 읽는 이, 독자를 배려하는 아름다운 글로 승화될 것이 틀림없다. 그런 간절한 바람을 가지고 고민하며 쓴 시가 〈나의 시가 그대에게 닿는다면〉이다.

그대에게 물어볼 것이 있습니다
작은 새 한 마리처럼 날진 못해도
그대에게 다가가 손짓 발짓
몸의 언어로 말로 다 설명 못해도
제 마음을 알고 계시는지요

그대를 위해 할 수 있는 게
연필로 글 몇자 쓰는 것 밖에 몰라
행여나 그대 마음에 누가 될까
한 글자 한 글자 또박또박 쓰는
제 마음을 알고 계시는지요

어쩔 땐 제 마음이 다쳐
그 화살이 제 마음을 뚫고
그대를 해칠까 걱정을 한 적도 있습니다
하지만 저는 누구보다도 인내할 수 있습니다
그대를 위해서 나를 위해서

그대에게 물어볼 것이 있습니다
나의 시가 그대에게 닿는다면
그대는 제 마음을 알게 될까요

― 〈나의 시가 그대에게 닿는다면〉 전문

　인간과 자연은 함께 '존재' 하고, 그리고 서로 어떤 존재를 그리워하며 지내는 '아름다운 관계' 이다.
　자연은 어쩔 수 없이 생명체나 생명체가 아닌 것이나, 모두 다 기억이나 경험을 그리워 할 수 밖에 없는 '존재' 이다. 〈우리는 존재를 그리워한다〉는 이런 시인의 따스한 감성이 드러난 철학적 사유의 결실이 아닐까...

하늘 위 구름다리를 벗 삼아
날아가는 저 작은 새들은
쉼터가 되었던 나무를 그리워하고

바다를 헤엄치며 서로를
의지해 노래하는 저 고래들은
배를 타고 자신을 반겨주는 사람들을 그리워한다

농사 짓는 농부의 주름진 세월은
유년시절 키웠던 꽃 한 송이를 그리워하고

사랑하는 여인과 이별한 사내는
못내 그리운 여인을 잊지 못하고
지난 사진을 꺼내어 보며
가슴 아파 울기도 한다

자연과 사람은 우리의 모습이다
우리는 존재하고
우리는 존재를 그리워한다.

- 〈우리는 존재를 그리워한다〉 전문

깊이 있는 철학적 사유로 삶의 진정한 가치와 의미를 일깨우고자 노력하는 연화 정지윤 시인- 진정한 소리의 부재 시대에 그를 만난 것은 내게 큰 감격이고 행운이 아닐 수 없다.
　더욱 정진하여 시대정신을 일깨우는 진정한 시인으로 거듭나길 기대하는 것은 '나' 만의 바람은 아닐 것이라 믿어 의심치 않는다.

우리는 존재를 그리워한다

2021년 3월 31일 제 1판 인쇄 발행

지 은 이 | 정지윤
펴 낸 이 | 박종래
펴 낸 곳 | 도서출판 명성서림

등록번호 | 301-2014-013
주   소 | 04552 서울시 중구 삼일대로8길 17 3~4층(충무로 2가)
대표전화 | 02)2277-2800
팩   스 | 02)2277-8945
이 메 일 | ms8944@chol.com

값 10,000원
ISBN 979-11-89678-51-7

※ 잘못 만들어진 책은 바꿔드립니다.
　이 책 내용의 일부 또는 전부를 재사용하려면
　반드시 저작권자의 동의를 얻어야 합니다